속도에서 냄새가 난다

시산맥 감성기획시선 062

속도에서 냄새가 난다
시산맥 감성기획시선 062

초판 1쇄 발행 | 2021년 5월 25일

지 은 이 | 손나래
펴 낸 이 | 문정영
펴 낸 곳 | 시산맥사
편집주간 | 김필영
편집위원 | 오현정 강수 정선
등록번호 | 제300-2013-12호
등록일자 | 2009년 4월 15일
주　　소 | 03131 서울특별시 종로구 율곡로 6길 36,
　　　　　월드오피스텔 1102호
전　　화 | 02-764-8722, 010-8894-8722
전자우편 | poemmtss@hanmail.net
시산맥카페 | http://cafe.daum.net/poemmtss

ISBN 979-11-6243-194-8 03810

값 9,000원

* 이 책은 전부 또는 일부 내용을 재사용하려면 반드시 저작권자와 시산맥사의 동의를 받아야 합니다.
* 이 도서의 국립중앙도서관 출판도서목록은 서지정보유통지원시스템 홈페이지(http://seoji.nl.go.kr)와 국가자료종합목록 구축시스템(http://kolis-net.nl.go.kr)에서 이용하실 수 있습니다.
* 이 시집은 교보문고와 연계하여 전자책으로도 발간됩니다.

속도에서 냄새가 난다

손나래 시집

* 본문 페이지에서 한 연이 첫 번째 행에서 시작될 때에는 〈 표기를 합니다.

■ 시인의 말

상상과
현실을 붙잡고
낳은 질문이 시가 된다.

그러니까 시는 현실과
상상이 붙어먹은 찌꺼기다.

그 찌꺼기를 담은 그릇이
시집이다.

2021년 4월 22일
손나래

■ 차 례

1부

지구는 싸움 공장이다 - 19

탄생 - 20

발바닥 지도 - 22

속도에서 냄새가 난다 - 24

금붕어에 관한 생각 - 26

각에 대한 생각 1 - 28

물고문 - 30

각에 대한 생각 2 - 32

한여름 음악회 - 34

화장실 극장 - 36

한 족속 - 38

자본주의 - 40

2부

고목 – 43

어쩌자고 – 44

소리에도 색이 있다 – 45

땅줄 – 46

꿈속에서 – 48

환상 – 50

시체는 모른다 – 55

동사자 – 56

이장 – 58

국무회의 – 59

무정란 – 60

복권 – 62

과녁 – 64

3부

밤에 그림자는 색을 가진다 − 67

팜 파탈, 날씨 − 68

비 오는 날의 엽서 − 70

정원음악회 − 72

단풍 − 74

보고 싶은 얼굴 − 76

일생 − 78

재가 되는 마음 − 80

동백 − 81

껌 − 82

직녀 화장실 − 84

손빨래 − 86

4부

귀의 장례 – 91

반 지하 냄새야 – 92

치맛바람 – 94

되고, 되고 – 95

청개구리 아파트 – 96

지구온실 – 98

온난기류 적금 – 100

미세먼지 – 102

일회용 플라스틱 – 104

슈퍼컴퓨터 날씨 – 106

신종 바이러스 – 108

우생학 – 110

돌의 얼굴 – 112

■ 해설 | 박현솔(시인, 문학박사) – 115

1부

지구는 싸움공장이다

콜로세움에서 미래까지
싸워갈 우리는
고래의 링에서부터
사소한 새우까지도

싸움의 뒷덜미는 자꾸 자라고
싹을 잘라도 뿌리에서
여기 아니면 저기서, 두더지같이

한 방울의 피도
사막이 다 마실 때까지
탑으로 쌓아 올린
돌 속에서도
하늘이 고아로 남을 때까지
싸움은 자랄 것이다

운석이 떨어지는 것에서

지구가 시끄러운지도 모르고,
사막피부는 마르지 않고
화석으로 남아도
싸울 것이다

탄생

  어제의 시간이 여물어 간다

  우리는 구름을 먹었다 누구는 과자라 하고 누구는 아이스크림이라고 했다 바보가 아니어서 다행이었다

  부리로 불쌍하게 먹었다 처음 먹는

  기내식이라 태양이 가까웠다 누구는 뜨거워서 후후 불었다 누구는 조금만 있으면 안전하다고 했다

  바다가 육지고 육지가 바다라고 떠들며 먹었다 누구는 싱겁다고 하고 누구는 짜다고 얼굴을 바닥에 엎질렀다
  가족이 생각날 때도 그랬다

  모두는 비행기가 소화 중이라고 했다

  사실이 아니라고 중얼거리는 중년은 아침을 좋아했다 아침이 돌아누우면 저녁이 온다고 했다

바보가 아니어서 귀찮아졌다
심심하면 해결된다고 또 누군가 말했다
나는 말이 없어 비행기를 탔다고 말했지만, 승무원은 채찍을 들고 있었다

비행기 등을 타고 있는 바람이 채찍으로 비명을 흘렸다

사람들은 투덜거리며 어제는 먹었고 오늘인지 내일인지 헷갈렸다

구름은 먹어도 먹어도 이상하게 자꾸 생겨나서 또 헷갈렸다

나는, 귀찮아서 비행기를 통째로 먹었다

발바닥 지도

발바닥 지문을 꺾꽂이한다
생각의 주파수로 가는 길

발바닥 모니터 속에
한마디 풍경이 화소로 흔들리는 길,
길이 풍경의 신발을 벗는다
그림자가 화소를 지우며
바람이 발목을 들고 가는 외로운 길,

생각이 나그네다
지문의 지도를 따라가는 길
나무의 곱창으로, 곱창의 나무로

가는 버스 손잡이에 해골이 주렁주렁*
한 뼘씩 주고받는 생각이
나무다 허공에 뿌리 올린

조금씩 휘어지는 마음
오늘도 지문을 외우고, 지문을 지우고

나이테 지도로 찾아가는 길
나이테가 달구지로 굴러가는 낯선 길
통나무 외길

오랫동안 나를 벗어 왔다

*필자의 졸시 「MRA」에서

속도에서 냄새가 난다

  구름은 냄새가 났다 우리의 얼굴에 친절한 냄새의 낙서가 바닥에서 토막이 난다

  시도 때도 없이 혼례를 올린 구름의 새끼는 빗방울, 머리가 떨어지는 속도에서, 비누 냄새가 났다 자동차 타이어처럼

  냄새는 한꺼번에 굴러다녔다 우리는 오렌지처럼 발음을 또박또박하게

  냄새 없는 날씨가 희망
  부풀면 구름이 되는 것, 구름에 고집을 더하면 국적도 없이 마당에 낙서가 되는 것

  우리는 샘물을 마시며
  샘물을 쏟으며
  가는 낙타 발에서 사막이
  미끄러진다 지구가 미끄러진다

〈
속도가 부서진다는 기분으로,

우리의 냄새가 산채로 무덤을 만들었다 고래 등이 숨을 뱉는 것처럼 무덤이 부풀면 구름이 되는 것,

어떤 구름은 현실적이어서, 사막에서 부풀어 바겐세일도 없이 하늘에 떠 있는 것을 나는 보았다

발생은 어디서나 있는 흔한 일이지만, 구름이 참견한 속도는, 돌고래가 냄새로 하늘에서 날고 있는 것 같았다

금붕어에 관한 생각

   금붕어 자유는 바다, 고등어가 되려고, 등받이를 펴고 자유를 고백한다 고백은 바래진 우유에서, 혁명의 냄새가,

   수족관 언어로
   조용하게 더듬어 보면
   수평선에서 자유의 냄새가 난다 피의 냄새가 난다

   혁명의 냄새는
   고이는 고통의 그림자이고
   그림자 위에 그림자는 우화羽化한 단어로
   수직으로, 파도가 적재되는

   생명이 자유다

   우리는 자유에서, 자유를 찾는 자유, 사랑한 마음, 사수하는 생명, 생명은 목소리, 자유에 생각을 더하면 고등어가 되는 것,

〈
그러니까 혁명은 수족관을 벗어버리는 것,

금붕어가 날개를 다는 것

혁명으로 날았다가
추락하는 것은 구체적으로 재생이 안 된다

각에 대한 생각 1
−상자

　모가지를 버리고 모서리로 태어났어요! 모서리가 다 닳으면 모가지가 될까요?

　상자에도 모서리가 있어요 모서리가 상자고요, 말도 마세요 어디를 가나 모서리상자뿐이에요
　우리는 아이들처럼 상자놀이를 늘 하죠 아침이면 상자를 벗고요 저녁이면 상자를 입고 난리에요
　자세히 보세요
　어디를 가나 모서리상자들뿐이잖아요 상자가 상자를 품고 있고요 아니 상자가 알을 슬고 부화를 시켜 온통 모서리상자 천지예요
　위를 한 번 보세요

　그리고 아무리 모서리상자를 입고 벗고 하지만 모서리상자를 너무 많이 입은 사람은요 모서리 꼭대기에서 떨어져 죽기도 하고요 모서리상자를 입지 못한 사람, 모서리 바닥에서 상자를 깔고 죽어요
　보세요 바닥도 전부가 모서리이에요 그런데 바닥은 참 친절하네요 모서리바닥은 어깨동무하고 있어요
　어디를 가던 바닥은 바닥을 받아주는 모서리에요

또 자세히 보세요

우리는 모서리와 상자 사이를 걸어 다녀요 동무하고 있는 상자 사이를요 걷다 보면 모두가 모서리뿐이에요

모서리는 위험해요 모서리는 각이 살아 있어요 모서리를 돌 때는 감정을 자제하세요 모서리에는 함정이 있어요

그러니까 모서리마다 생명보험 하나씩 들어요

아주 좋은 모서리상자를 입기 위해서죠 좋은 상자를 입지 않기 위해서는 선택에서 각도를 잘 꺾으세요 미로의 꿈속을 헤맬 수도, 냉동창고 각진 고깃덩어리에*어깨를 기댈 수도 있어요

또, 또 자세히 보세요
달팽이는 집채만**한 상자를 등에 지고
세상을 디밀고
와우각에서는 우주가 접수되고 있네요

*송찬호 시, 「흙은 사각형의 기억을 가지고 있다」에서
**정호승 시, 「달팽이」에서

물고문

　남해안에 문어 떼가 출몰했다 돌대가리 문어와 머리에 피도 안 마른 것과 삿갓을 쓴 문어들
　중에는 긴 빨대가 뭍으로 뻗었다

　등에 가시를 박은 바다거북이 있었다 파이프를 입에 물고, 물 건너온 문어 대가리를 잡고 물고문했다

　연기를 휘날리며

　돌대가리 머릿속에는 먹물은 없고 짠물만 시버렁거렸다 머리에 피도 안 마른 것은 콧물인지 눈물인지 소음이 지독했다
　그래도 삿갓 문어는 삿대질로 먹물을 짖어댔다

　해수면이 심한 기침을 토하고 파도가 재앙으로 출렁거렸다

　남해안에서 일어난 물고문 사건은 말을 타고 전戰국을 강타한 바람에, 육지로 기어오른 문어들, '박종철'

물고문 치사 사건의 '오공 대공수사단'보다 더 무서워 떨었다

  배가 부른 문어들, 육지 '자라'만 봐도 물을 토했다

각에 대한 생각 2

   햇살도 각이 있다 바람도 각이 있다 사람도 각이 있다 죽음도 각이 있다 아프리카 초원에 코뿔소도 각이 있다

   각에는 함정이
   함정에는 상처가
   상처에는 아픔이
   아픔에는 눈물이
   눈물에는 사연이
   사연은 사실을 숨기고

   있는 각이 각을 부르고 각은 어디에나 숨기고 있는 것은 함정, 함정은 가랑이를 벌리고 타이밍을 기다리는 사냥꾼
   거미가 거미줄에 걸려들기를 기다리는 것처럼

   어디를 가도 각이 숨어 있는 것에 매의 눈으로 보면 침묵이 유배된 블랙홀 빈 번데기

안에는 불행을 블로킹할 수 없어 무덤이 살 수 있는
공간의 여지를 붙들고 거미줄이 조문을 기다리는 곳

   조문이 부르지 않으면
   조문은 오지 않고
   가끔은 각과 함정이 와서 조문하는 곳

   각과 함정은 상생이 없다

한여름 음악회

  몸에 하얀 포도송이가 달린다
  포도송이가 뛰어내린다 독창에서 합창으로, 합창은 시루에 물을 뿌려 콩나물을 키운다

  머리는 오선지 몸에
  자꾸만 매달리는 콩나물들

  발끝에서 머리까지, 머리는 온음표, 다리는 2분음표, 8분음표 K팝으로 걸어가는 스텝,
  대지 건반 위에 스텝들,
  포도송이들이 알레그로 주파수로 바닥에 구른다 고양이가 목에 방울을 달고 뒹구는 것처럼
  피아노 소리로

  나는 굴러다니는 소리를 주워 귀에 담는다

  귀에서도 포도송이가 떨어진다 독창으로, 발등에 아리아를 터드린다 아리아는 옥타브사다리를 타고 높은 음자리가 되어 귀고리로 열린다

소프라노에서 알토까지 알랑 얄랑

포도가 알이 되고 얄이 포도송이로
톡톡 푸른 열기 오케스트라 터뜨리는 여름이 파랬게 손뼉을 흔들고 있다

화장실 극장

변기에 관객의 자세로 앉아
어제의 시네마를 배출한다
오늘의 다큐를 생각하면서

뒤에는 시네마 퍼포먼스를 하고
앞에서는 오늘의 신을 생각하는데
연출은 영화보다 희미하게
날뛰는 야생마로 접선이 안 된다
실종된 비밀번호 와이파이로
엑스트라 컷에도 접선이 안 된다

일용할 시나리오를 두드려서
흘러나오는 단어를 편집해
잘나가던 과거의 능력을 가지고
한 번도 감상하지 못한
다큐를 찾아 나서야 한다

아침마다 어제의 시네마를 배출하는 기분에
여유를 가지고

두루마리가 필름처럼 풀려나는 이곳,
꼬리를 감추는 자세에서
포르노 컷을 나비처럼 덮고
찾아 나선다

한 족속

모국어가 다닌다 지하철에도
개미굴에서 개미들이
떼 지어 나오는 것처럼 지하철은
한꺼번에 쏟아낸다 모국어를

모국어는 단어를 휴대하고
있다 휴대폰처럼
트집이 생기면 단어를 뿌린다
상대에게 혹은 청중에게
휴대한 단어를 아낌없이 뿌린다

죽을 둥 살 둥 뿌려대는 단어에
죽을래가 먼저 앞장선다
뒤따르는 것이
산다는 단어가 고집을 피운다

모국어에서 파생된 단어는
떼 소리 함성으로
손이 피아노를 연주하는 것이 아니라

피아노 건반이 사람을 연주하는
시스템으로
단어들은 거리로 쏟아진다
아낌없이 쏟아진다
그리고 단어들은 피켓을 든다

모국어는 하염없이 거리에서 행불된다

가만히 앉아서 당하지 않은 모국어와
단어는 한 족속이다

자본주의
—지네

  어둠이 배추씨만큼씩 살아나고, 빌딩에서 창문 조명 하나둘 밝힐 때 도로 가장자리에 야구공 실밥 같은 지네 한 마리 본다 자본주의 6차선에 자동차들, 홈런 친 야구장 함성으로 타이어 바퀴를 굴린다

  지네는 도로 건너편 황금 베이스에 더듬이로 냄새를 맡는다 베이스를 훔치려고, 도로를 가로질러 달린다 자본주의 베이스를 차지 못하면
  안전하게 죽을 수 있는 도로 위에서

  안타 같은 신호도 무시하고 무단 횡단으로, 중국집 배달통으로, 류현진 뱀 직구처럼 흔들며 달린다 자동차 바퀴들 견제구를 쌩쌩 날리고 있는데도 달린다
  첫 번째 견제구에는 야구공처럼 돌돌 말아 통통 튄다 아직 건너편 베이스까지는 한참 남았는데, 두 번째 견제구에는 몸통이 걸린다 나는 재빨리 '아웃'이라고 외친다
  도로가 질퍽거린다
  베이스 발바닥이 뜨겁다

2부

고목

내 옷에 벌레가 붙어 털었더니 떨어지는 것은 벌레가 아니라 낙엽이다 우수수 떨어지는 낙엽을 보면서,

낙엽에는 벌레 먹은 지도가, 지도에는 살아온 얼룩이 숨을 헐떡인다 상처가 묻어 있는 얼룩에는 복제된 직유의 그림자가 고여 있고, 그림자 속에는 은유의 기억이 꿈틀거린다

느리게 빠르게 고통스럽게 이어온 벌레다 푸른 옷으로, 아직도 산맥을 뛰어넘어 평야를 더듬고 싶은 옷

벗고 살았더라면 달라붙지 않았을 벌레, 벌레를 입고 살아야 하는 세상에서 벌레가 밥이 되고, 벌레가 눈물이 되어 살아온 것, 것인 것에 기대고, 것에게는 것이 따라다니고 하던 밥과 눈물이 멀어지는 것에서

멀리, 허리 구부려진 고사목이 보인다

어쩌자고

  머리에 쥐가 난다 몸에서는 파도가 나들이 한다 지느러미 없는 몸으로 헤엄치지 못한다 지폐가 되지 않는 동전 같은 몸, 바다 속이다 푸른 해초들은 바람에 혀를 내어주고 흔들린다 나는 흔들리지 못한다
  머리에서는 쥐들이 오글거린다 해초들 사이에 상어들은 경적을 울리면서, 버스처럼 나를 먹고 나를 뱉어 놓는다 고래도 고래고래 소음을 뱉어놓는다

  나는 고래 등을 타고 머리에 쥐새끼를 꺼내 뿌린다 호주머니도 눈알이 뒤집혀 물방울 같은 동전이 주르륵 쏟아낸다 거리의 해초들 사이에 동전이, 쥐새끼는 동전을 갈아먹는다 동전이 구멍으로 굴러다닌다 구멍 난 동전에 몸을 말아 훌라후프처럼 돌려도 지느러미가 되지 못한다 어쩌자고 나는 지느러미를 달지 못하는가,

  내 머리 위에는 구름이 군함처럼 떠 있다

소리에도 색이 있다
―이명

귀뚜라미가 울고 있다 사색으로

기분 좋을 때 우는 것은 푸른색
우울할 때는 검은색
아플 때는 하얀색
사랑이 고플 때는 분홍색

우는 소리에도 색이 있다
색이 있다는 것은
감정이 있다는 것
감정이 색으로 변하는 귀뚜라미 소리,

색 쓰는 것은 나에게 고문이다

앉아서도 울고 서서도 우는 귀뚜라미
눈치보다 빨라서
뜬눈으로 울어댄다

땅줄*

나는 땅줄에만 목을 매달았다

줄에서 태어나
어디를 가도 줄을 서야 한다
식당에도, 병원에도
심지어 죽어서도 줄을 서야 하고
먹고 살기 위해서도,

그러나 사람들은
권력이나 명예의 줄에 목을 매달고
서커스 줄타기하듯
언제 끊어질지 모르는 불안한 줄에서
서로 높이 오르려고
시끄럽게 하고 있다

언젠가 줄 하나 끊어지는 소리
세계가 시끄러웠다
초고층 빌딩 외벽 청소부 떨어진 소리는 아니고
봉화산 부엉이바위에서

세상 모두를 아래로 보았지만
밑줄 친 줄에서 추락했다

추락하는 소리는 높이에 비례한다

나는 추락할 것도 없고,
추락해도 아주 조용할 것이다

*높이가 없이 안전한 땅에서 줄 선 것을 필자가 임의로 표현함

꿈속에서

초등학교 졸업장도 없는
나는 망토를 펄럭이며 학사모가 파리 바게뜨 주방장 모자보다 높은 층계로 쌓인다 바코드가 인쇄된 꿈이 날아오른다
브레이크를 잡아도, 낭떠러지에서 솟아오르고, 아득하게 소름 깨우도록 날아오르다가
떨어진다

푸른 물속을 날아다닌다
실연한 바람처럼 바닷속에서 생각한다 타이태닉이 왜 갈빗대를 꺾어 잠수를 탔는지, 함께 탄 사람들이 죽어가는 데도 다이아몬드를 서로 차지하려고 싸움질을 했는지,
거북선이 왜 파이프 담배를 피워 물고 왜장을 물고 문했는지, 알 바는 아니지만, 지금 생각하는 것은 내가 물속에 있다는 것

꿈도 물을 먹으면 손바닥 물집으로 시집을 건축할 수 있는 것인지,

*

  미래의 시집을 여러 권 들고 안개를 택시처럼 잡아 타며, 하늘이 가슴에 닿아 있는 바위산을 간다
  도둑처럼 간다

  바위는 원래 내 이름, 내 이름 위에서 꿈나무에 불꽃이 타오르고 있다 나는 모자를 벗어 하나하나 불 속으로 던진다

  내 이름 시집도 던진다

환상[*]

기괴한 웃음소리에 눈을 뜬다
목 잘리던 순간, 기억은 도망갔다
눈을 뜨고 바라보니 도플갱어처럼
유령들이 여러 개의 내 얼굴을 들고 있다
마치 영정 사진처럼 하나씩 들고 있는 얼굴
생전에 내 얼굴은 하나였는데
잠깐 사이에, 그 잠깐 사이에
어떻게 저 많은 얼굴이 생겨났을까
분노의 얼굴, 사랑에 미쳐 있는 얼굴
보통 얼굴, 찡그린 얼굴, 웃는 얼굴,
내 생전 속에 숨어 있던 얼굴들이⋯
내가 헷갈린다
좀비인지, 목이 잘려 얼떨떨하지만
정신인지, 영혼인지 있기는 있는데

예술가로 성공하지 못하고 마지막 가는 길
예식의 축제인지 축제의 예식인지
유령들의 축제, 디오니소스 축제에서
짐승의 목을 따서 피를 뿌리는 것같이

내 목의 피를 뿌리고, 요정인지 유령인지,
그들은 광란이다 그들의 지랄이다
그들은 우우 소리와
천둥 번개 같은 드럼과 트럼펫 소리
지옥으로 보내는 이별곡 같은 소란
속에 그녀**가 실루엣으로 서 있다
내가 죽인 그녀가,
그녀와 야유회 온 것은 아닌데
소설 속에 있는 것도 아닌데
그리고 여기는 분명 천국은 아닌데
그녀는 나를 바라보고 웃고 있다
살아서 그녀를 죽이고
사형 언도를 받고
내 목은 잘리어 몸과 분리되었고
내가 죽인 그녀가 웃는 것을 보고
분리된 내 아랫도리에 소름이 걸치고 있다

그저 이곳을 빠져나가려고
목 없는 발을 굴려보지만
유령들이 자꾸만 머리를 디민다
머리와 함께 가라고
하지만 나는 어떤 머리를 달고 가야 하는지
그들이 들고 있는 머리 중

어느 것을 달아야 하는지
마술유령이 들고 있는 머리를 달아야 하는지
머리가 없으니 문을 찾지 못하고
군무하고 있는 요정들과 부딪히고
유령에 걸려 넘어지고 자빠지고
머리가 없으니 불편한 게 참 많다
눈이라도 하나 주면 달아날 것인데

머리가 많으니 귀도 많다
귀가 많으니 들리는 것도 많다
벌 떼 소리같이 웅웅거리는 소리
이 머리에는 이 소리 저 머리에는 저 소리
소리소리 소리혼돈으로 혼란스럽다

내 목을 들고 있는 그들에게
'내 귀 좀 제발 좀 막아주세요'
말을 하려고 하지만 입이 여러 개라
어떤 입으로 말을 해야 하는지
말을 해도 에코처럼 울렁거려
머리와 몸이 분리되어도 불편한 게 많다
어서 여기서 도망은 가야 하는데
헤어진 연인처럼
머리와 몸이 분리되었으니

요정인지 유령인지 마귀인지 마술사인지
내 머리를 하나씩 들고
춤을 추고 광란의 춤을 추고
우 우 뾰족한 주둥이로 노래 부르고
번개처럼 드럼이 울릴 때마다 심장이 쿵쿵
심장은, 정직한 심장은
거짓말 못 하고 쿵쿵

시커먼 구름은 하늘 마녀처럼
험상궂은 형상으로 나를 바라보고 있는데
그녀도 나를 바라보고 있는데
한 번 더 심장이 쿵쿵
유령들은 회한한 웃음소리로 나를 조롱하고
내 머리를 조롱박처럼 흔들고
내 머리는 주지 않고 하나도 주지 않고
피 흘리고 있는 내 머리가
예식장에 화환들이 줄줄이 서 있듯
피로 꽃피운 내 머리가 줄줄이,
어서 여기를 빠져나가야 하는데

유령들이 입고 있는 옷들도 가지각색
색에도 표정이 있는지 표정이 색인지
그들이 들고 있는

내 얼굴의 표정도 색색으로
안타까운 색을 들고 있는 마술유령에게
가슴으로 다가가
한숨 짖는 가슴으로 다가가서 제발
내 머리, 내 머리 하나만 주세요
제발 내발로 나가게 하나만 주세요

마술유령은 마술로
내 머리를 던진다 8분의 1박자로
나는 16박자로 가슴을 디밀고
2분의 1박자로 머리가 달린다
나는 36박자로 이곳을 나간다
가면서 주위를 둘러보고 혹시 행동이나
알만한 망령을 찾아보았지만[***]
그녀 말고는 망령이나 유령은 알지는 못하고
나는 혼이 신발을 신고
두 번 다시는 오지 않을
다짐을 하고 또 다짐을 하고
깨어났다

*베를리오즈 〈환상〉 교향곡 4–5악장에서 모티브로 하였음
**세익스피어 극단 여배우 '해리엣 스미드슨'
***단테의 『신곡』 지옥 편 23곡에서.

시체는 모른다

물도 죽으면 시체가
된다 얼음이 아니라 물이 죽은 시체다
살아서는 온 산과 강을 휩쓸고 했지만
죽으면 굳어버린다

살아 있는 생명은 모두
움직인다 물도 살았을 적에는
물보라치고
폭포에서 뛰어내리기도 했고
사람 거시기에서 기어 나오기도 했다

생명은 죽으면 굳어버린다
뻣뻣하게 죽은 시체, 염할 때
뚝 부러지는 소리처럼 부러진다, 부서진다

부러져도 아파하지
않는다 부서져도 모른다
아무리 흔들어도 모른다 움직이지
않는다 세상 바다를 다 준다 해도
일어나지 않는다
모르고, 모른다 죽은 시체는

동사자

지난밤 대지를 훑던 저 바람은
북쪽 어느 벌판
시베리아호랑이에서 가출한
야생의 이빨인가 야생의 발톱인가

야생은 지칠 줄 모르는
야성의 본능으로 어젯밤
낡은 아파트 닭장에도 지나갔다

한번 물면 절대 놓치지 않는
야성의 이빨로
피돌기 하던 물의 숨통을 끊었다

뻣뻣하게 굳어버린 물의 시체

죽은 것들은 차갑게,
시체가 시체를 깔고 있는 현장

닭들은 눈을 뜨고 있다

어제처럼,
옛날 주소를 복사하고
세상에
문신을 남기기 위해
날개를 퍼덕거려 보려 하지만
눈만 뜨고 굳어 있다

이장

산에 가서

하얗게 뼈만 남은

고목을 봤다

멧돼지 턱뼈도 봤다

아버지를 이장했다

사람이나 나무도

짐승도

죽으면서

다같이

뼈만 남는 장사하는구나

국무회의

　코끼리가 쥐구멍이라도 빠져나오게 해야 한다 이것을 해내지 못하면 현장에서 목이 잘릴 위기였다 그 신하는 철학자도, 수학자도 아니어서 다른 신하들은 오줌을 조렸다 이제는 가뭄 대책보다 신하가 죽느냐 사느냐에 관심거리가 되었다 왕국 시대에 가뭄이 창궐한다는 소문이 나돌자 전국으로 전염되면 왕의 치세에 불똥이 튈까 봐 최초 발설자를 찾아 입에 자갈을 물렸다 백성들까지 자갈을 물려도 가뭄은 전국으로 번져 곳곳에 불이 나고, 용포 자락까지 불똥이 튀었다 왕은 국무회의를 소집해 용포에 불똥이 튄 것을 진노하여 불을 하루 속에 잡아 가두라고 명했다
　그 신하는 기우제를 쟁반에 바쳐서 올렸다 불을 다 소화하려면 1년을 걸린다는 것을 즉석에서, 왕은 하루는 24시간인데, 하루 속에 어떻게 1년의 시간이 들어가는지 왕은 더 진노했다 (백성들은 가뭄으로 타 죽어가고 있는데) 그 신하는 죽음도 불사하고 한 말은 아니었는데, 왕의 역정을 사서 죽음을 예감하는 신하는 죽어도 할 말이었는데, 그때 오줌을 조리던 다른 신하가 오줌을 싸 불똥을 식히면서 '전하, 전하의 치세는 하루가 천년 같고 천년이 하루 같은 태. 평. 성. 대가 아니옵나이까 천년에 1년쯤이야 승~은을' 하는데, 왕은 흡족하게 생각하며 고개를 저었다

무정란

개가 짖어댄다
낮에는 사람 그림자에
밤에는 산 그림자에도 짖어 댄다
거리의 철새들은

궁민을 주인으로 섬기겠다고
사방에서 띠를 두르고
목소리는 옥타브를 높인다

출타해서 돌아온 주인에게 꼬리 흔들고
납작 엎드리는 개같이
차가 지나가고 사람이 지나가면
흔들고 엎드린다

사거리마다 출렁대는 저 만국기도 엎드린다
국적은 똑같다
철 지나면 철거되는

만국기들

〈
대지에서
꽃을 피우지 못하는
아무리 품어도
병아리가 되지 못하고 벙어리가 되는

나는 차라리
저녁에 날계란 하나 먹고
아침 화장실에서
병아리 한 마리 나올까를 기다린다

복권

꿈속에서 걸음마를 했다
어제의 발자국이 따라오고
따라온 발자국에
꿈을 꺾꽂이했다

꿈이 자라서
꿈속의 꿈을 피웠다
그 꿈을 잡으려고 손을 뻗었다
아무리 잡으려고 해도 손이
늘어나지 않았다
잡힐 듯 잡히지 않아
기분만 만지고 있었다

잡히지 않는 기분은
서랍에 접어두고
호주머니에서 바코드가 찍힌
고양이를 꺼내 물어봤다 고양이는
쥐를 잡는 것이 꿈이라고
떠들면서 쥐구멍만 찾았다

〈
꿈을 잡다가 망한 사람도
쥐구멍을 찾았다

나는 쥐구멍을 지우개로 메우고
꿈을 긁다가 안 돼서 시를 긁었다
긁어야 당첨되는 로또

과녁

까마득한 초고층,
먹고살기 위해 빌딩에 매달려
청소부가 유리창을 사냥하고 있다
쳐다보는 사람도 내려다보는 사람도
아슬아슬한 공포

우리 집 유리창에도
아슬아슬하게 붙어 있는 청개구리
불빛을 보고
새까맣게 달라붙는 하루살이를
청개구리 혀가 날름날름
청소부처럼 하루살이를 사냥하고 있다

청개구리가 지나간 자리, 청소부가
지나간 자리와 같다
아슬한 절벽에 목숨 걸고
다 같은 자리, 청개구리와 빌딩 청소부,
청소부와 청개구리는
유리창 절벽이
다 같이 밥을 사냥하는 과녁이 된다

3부

밤에 그림자는 색을 가진다

그림자도 색을 가진다
담벼락에, 가로등 비친
동백꽃 그림자는 붉은색이다

검은 그림자가지에
붉은 송이로 피어 있는 꽃,
속에는 모가지가 들어 있다

모가지가 떨어지기 전에
마음을 표현하는 것
떨어질 아픔을 표현하는 것
떨어져 멍들어질
성분을 표현하는 동백꽃,
밤에 그림자는 붉은색이다

뚝뚝 떨어진 자리

붉은 멍이 번지는 바닥에
목 부러진 붉은 그림자가
고여 있다

팜 파탈, 날씨

놓치기 아까운 혼처 같은 날씨
여우는 날씨를
날름날름 훔쳐 마시다가
날씨에 취해
꼬리에 꼬리를 달기 시작한다

꼬리를 만발이나 달고 있는 여우
혀가 만발이
빠지도록 쳐다보는 늑대들

별빛으로 챙기는
눈알에서
씨앗 터지는 소리가 난다

눈물의 씨앗인지
씨앗의 눈물인지 모르는
것에 취해
여우 꼬리를 물고 늘어지는 늑대들

〈
언제나 여우를
밥으로 생각하는 늑대들
두 근 반 하얀 여우 속살을 탐닉하지만

늑대는 여우 밥이 되고
여우는 날씨 밥이 된다

비 오는 날의 엽서
-엽서 1

하얀
빗물체로
엽서를 씁니다

항상
그대에게
보낸 엽서에는

내 마음이
미리 두근거려
연분홍체를
쓰지 못했습니다

그대
생각만 해도
가슴이 미리 떨려서
장미체를
쓰지 못했습니다

〈
보내고 보면

그제야 후회하는
내 마음의 바탕체

정원음악회

여름이면 우리 집 마당에서
음악회가 열린다 구름을 비집고
내려온 햇살이 꽉 찬 관중으로,
바람이 시그널을 주면
소나무 손을 들어 지휘를 시작한다
배롱나무는 탬버린 흔들어
전원곡 풍으로 라이브를 알리고
울타리 대나무는 관악기로,

들러리로 늘어선 편백나무들
옆에 합창단 닭들은
페이지에서
콩나물들을 쪼아 먹을 듯이 보고 있다

갑자기 나타난 소나기는
양철지붕 타악기 연주자로
불협화음을 보태고 지나간다

해바라기 심벌즈가 쨍하고 짝을 맞추면

생상스 동물의 사육제가 아닌
테너 염소가 수염을 달고 아리아를 부른다
닭들은 합창을
후렴으로 쟁반처럼 바치고,
소프라노는 참새
멧새는 메조소프라노로
콩나물 꼬리 2개 음역만 가진다
멀리서 비둘기는 베이스로 음역을 보탠다

봄에 음을 토해버린 동백과 목련은
구경꾼으로서 있다

단풍

이파리들은
아프겠다 화살이 아닌
햇살주먹에 맞아
멍이 들었다

여름 주먹에 시퍼런 멍이

가을 주먹에는
붉은 피멍이 들었다

주먹이 교대하는 사이
이파리 주먹을 펴고 있다
바람이 여물기 전에

마지막을 지키기 위해
붉으락푸르락,

잠자리가 날고 있다

〈
오늘이
지나가고 내일은 수북이
액자 속에서

어제를 내재하고 있다

보고 싶은 얼굴
−엽서 2

창밖을 보니
간밤,
꿈에서 본
그대 얼굴이 떠오릅니다

지금,
그대가 만약
지구 반대편에 있다면

지구에
구멍을 뚫어서라도
보고 싶습니다

비록
손가락으로
작은 구멍이라도

뚫어서

〈
그대 눈썹만이라도
보고 싶습니다

일생

비도 옷을 입는다
태어날 때는 알몸이었지만,
옷을 입는 사람처럼
환경에 따라 옷을 입는다

재수 없이 하수구에 낙찰되면
일찍이 냄새나는 옷을 입고
어두운 터널 속에서
코를 막고 살아야 하는 더러운 신세가 되고

운 좋게 식수원에 떨어지면
깨끗한 옷 입고
관을 타고 어느 사람 내장 속에서
볼 것 다 보고 하였지만,
결제는 하수구로

헤어진 연인의 이마에 떨어지면
눈물이 되어 가장 슬픈 옷을 입고
결론은 하수구로

〈
하수구에서 장례를 마친 비는 바다로

바다는 비의 공동묘지다

재가 되는 마음
−엽서 3

마음속에서
타고 남은 재를

봄바람에
날려 보냅니다

태워도, 태워도
살아나는
그대 생각을

그대가
있는 곳으로 가서
내 마음을
전할까 싶어

동백
―엽서 4

보고 싶어도
말 못 하고

동백꽃처럼
뭉텅뭉텅
떨어진 심정을

냉장고에
저장합니다

그대가
올 때면
상할까 싶어

껌

책상을 청소한다
입안을 청소하던 껌을
손 껌으로, 손으로 주물다가
손이 쨱쨱 씹다가 책상 위에서
이리저리 구르고, 문지르고
먼지를 씹는다 먼지가 껌을 씹는다
껌과 먼지가 한 몸이 된다
껌은 어디를 가던 모양을 바꾼다
모습을 바꾸어 모양대로 달라붙는다

껌은 무엇이든 씹으려고
달려든다 아무 데나 엉겨 붙는다
엉덩이에도, 발바닥에도
발바닥이 쩍쩍 껌을 씹는다
발바닥이 아무리 뱉으려 해도
한번 붙은 껌은 뱉지 못한다
뱉지 못하는 건 아스팔트도,
껌이 아스팔트를 물고 있는지
아스팔트가 껌을 물고 있는지

매미가 고목을 물고 흔들 듯
어디에든 무엇이든 물면 놓지 않는다
붙으면 떨어지지 않는다
오죽하면
껌딱지라는 별명도 있다

직녀 화장실

칠석에 만든 화장실이 있다
은하수 댐 근육으로
변기를 만들어 주었다 까치들이
견우직녀가 만나
화장실 가는 시간을 줄이기 위해
첫날밤 문구멍 들여다보듯
변기를 만들어 주었다

견우는 직녀 치마폭에 코 처박고
1년 만에 만나 코를 풀고, 계속 풀고
변기에 볼일은 보고
물은 내리지 않고

위층 화장실 물 내리듯
물은 내리지 않고
또 보고 또 보고하는데
갑자기 변기가 넘쳐 터졌다
은하수 댐이 무너졌다

〈
이슬만 빌어먹던 풀들은
하늘에서 '조미로'가 있는 물벼락
맞았다 물 폭탄 맞았다

가부좌로 부처님 같은 산들도
산통을 견디다 못해
통째로 배를 가르고
양수 같은 탁류를 쏟아 내고 있다

손빨래[*]

이것은 만족만 느끼는 위대한 상품이다
상품이라도 세탁기처럼
마트에 내놓고 팔 수는 없다
그렇다고 해서
절대 부끄러운 상품도 아니다

이 상품이 없다면 씩씩거리며
세상은 이판사판 될 것이다
씩씩거리는 죄가 더 쌕쌕거릴 것이다

이 상품 결과물은
같은 구멍에서 나오지만
변기는 해결 못한다

어느 유명 여자 시인은
이것 해결하느라
전화도 못 받는다고 했다[**]

그리고 손 없는 짐승은 못 한다

어미도 아비도 모르고
오직 현찰거래만 하는 짐승들은

*자위自慰 행위 다른 말
**김이듬 시, 「나는自뻔 중이라 통화할 수 없습니다」에서 변용

4부

귀의 장례

 땅에는 있고 하늘에 없는 장례를 치르고 있다 홀로 된 귀는 쓸쓸하겠다* 귀의 장례를 마친 '고흐'
 바둑을 두다가 판을 엎어버린 기분으로
 바둑알처럼 자주독립하는 귀,

 스케치북에서
귀가 그에게서 멀어져 갔다

 귀는 소리를 재생한다 전성기에서

 귀가 도망을 다닌다 소리를 흘리며
장례에서 도망한 귀,

 광야의 길을 모두 모아도

 이산가족으로,
소리도 없이 소리를 낸다

 고흐의 생각이 묻어 있는 귀

 *라보엠 가사에서 변용

반 지하 냄새야*

냄새의 씨를 화분에 심어
변기 위에 두었더니
향수가 자란다 물을 주지 않아도
자라는 향수,
향수에 자꾸 커지는 집
집이 아니라 대궐이다

식구들은 향수에 취해
간지러운 복사뼈를 만지고,
발걸음에 향기를 흘리고 다닌다

걸을 때마다 흔들리는 냄새

귀가를 서두른 사춘기 아들은
향기에 볼펜을 구르고
냄새에 대해 일기를 쓴다

오늘도 무사히, 아빠를 기다리는

〈
집이 늘어나
아빠가 들어올 면적에 대해
수학 공식으로
걱정을 대문에 붙인다

*기생충 영화 대사 중에서

치맛바람
―분재철사 1

분재화원에 철사를
온몸으로 감고 있는 어린나무,

인간 눈에 간을 맞추기 위해
주인은 노예에게 쇠사슬 묶듯이
철사로 눈맛에 길들이는 분재

감옥을
온몸으로 두르고 있는 어린나무
나이테가 커지면 길들이지
않는다 굳어버린 나무 나이테는

나이테가 어린아이
아직 몸이 굳어지지 않은 아이
오늘도 간다 길들어지기 위해
엄마가 감아준 가방 메고
분재학원 들어간다

되고, 되고
−분재철사 2

분재철사를 감고 사는 우리

길을 건너려고 해도

신호등이 철사가 되고

기차를 타려고 해도

시간이 철사가 되고

좌석에 앉으려 해도

번호가 철사가 되고

철사가 가는 길이 되고

전기가 철삿줄 따라 흐르듯이

철사를 따라가지 않으면

안 되는 우리

우리는 사람이고,

분재 철사인 우리

청개구리 아파트

캄캄해지고, 떼비가 몰려와 겁탈한다 청개구리 아파트를, 버드나무아파트에 입주한 청개구리, 볼록렌즈 눈으로, 눈 뜨고 당해야 한다 입술에 맺히는 것이 빗물인지, 눈물인지 숨을 헐떡이며

청개구리 아파트, 피뢰침이 없다

빗물이 아파트를 겁탈한다 아파트 반장은 구명보트로 내빼면서, 음성 녹음 스피커를 통해 가만히 앉아서 당하라고 당부한다 당부는 반복된다 단연코 죽으면 된다고 당부한다 가만히 앉아서 죽으면 된다고 당부한다 물 먹고 배불러 죽으면 무게가 좋다 한다 창문을 긁다가 죽어도 된다고 한다

유리창에 손톱자국을 유서로 남기면서

단연코 믿었던 당부가 안부가 되어 안부가 떠내려간다

벼락 맞은 아파트

아파트가 황토물을 토하고
대지가 배탈이 나서 설사 중인 강물에

구명조끼도 없는 청개구리,
단연코 몸통은 없고 울음들만 둥~둥 떠내려간다

지구온실
—지구 특파원 보고서 3

1
노을이 하혈하는 도시에 흙비가 내리고
태양은, 제 묘지명을 들고 지구를 떠났습니다*

　도시는 인공태양으로 비추는 각도에 따라 밤과 낮이 구분됩니다 나무로 변종한 인간들은 온실 지붕의 자동 환기 개폐장치에서 호흡을 가져다 씁니다

　나무 가슴에 나 있는 잡초들 사이에는 이끼가 자라고, 깜빡이는 눈동자는 푸른 사막의 등대처럼

　언어보다 휴대폰 전자파 소통으로, 자동검색기에 신종바이러스가 감지되면 실제 상황이라는 민방위 사이렌이 소독을 합니다

　바이러스 영양가로 공포가 나무마다 열매로 열리면서
　이파리는 재난 문자 소음으로 떨고 있습니다

2

   가끔 나무뿌리 혹에서 올챙이 가슴이 발견되고, 올챙이 가슴은 온난기류에서 발생한 신종바이러스로 의심하면서
   기상청 관계자는 부검을 실시합니다

   가슴에서 태풍의 눈이 발견되어, 관계자들은 상상도 못 할 일이라고 하품을 해대며
   지구 수족관 온도의 상승기류에서 발생한 결과라는 추측만 난무하고, 추측에 이끼만 자라는 결론은 인간나무들에게 인식이 파지를 냅니다

   작은 문자에 익숙했던 인간나무들, 태풍이라는 대문자에 걱정이 큰 무덤처럼 부풀어 오르면서
   자꾸만 부풀어지는 온실나무에서 흐르는 것이 물인지, 눈물인지 대지에 뚝 뚝 꺾꽂이하고 있습니다

   *필자의 졸시 「미래의 도시」에서

온난기류 적금
―지구 특파원 보고서 4

1
인간의 적금은 비행을 잘하고 있습니다

억만 겹이불로 잠들었던 빙하가 하품으로 기지개를 켜고,

해수면 상승으로 온실 면적이, 지도로 바뀔 때마다,
이부자리 걷은 곳으로 인간나무들은 이식을 갑니다

  인간나무들은 이끼보다 빨리
  빙하고독 무너지는 소리에 뿌리내리고
  뿌리에는 박테리아 혹이 생명 안전장치로
  양서류 발톱이 자라고 있습니다

2
인간나무들, 영양공급라인은 하루가 달라지고 있습니다

기존의 로컬푸드는 코스닥과 나스닥 전광판 시청률이 바닥을 치고, 새로운 공학, 질소암모니아 영양으로,

기상청 아나운서는 로컬푸드보다 공급이 '나쁨'에서 '좋음'으로 환전되었다고 떠들어 댑니다

　바다작물도 방사능 오염으로 가공공장에서 썩혀 냄새를 사용하는 새로운 공학 기술 시스템도
　신문 헤드라인으로

　새로운 공학 식품을 스마트폰에 터치하면 안전하게 자동 라인 링거로 배달된다는 TV 뉴스는 속보로 전합니다

　나무 이파리들은 새로운 공학기술에 푸르게 적응되어, 가지마다 달리는 푸른 '머니'가 기억을 더듬어
　기억에서 인간나무들은 한대림에서 온대림으로, 온대림에서 열대림으로, 변속기어에도 익숙하여 지구가 둥글다는 것이
　다행이다, 라는 결과에 결과를 모니터링합니다

미세먼지
―지구 특파원 보고서 5

1

미세먼지 사막은 낙타 눈썹으로 태평양 상공에 떠 있습니다 해수면 거울로 비치는 속에서 낙타가 기침을 토합니다

기침은 또 다른 구름으로 인간나무들 이파리에 호흡을 가파르게 상승시키고

가파른 호흡이 띠를 두르고 날아다니는 것이 붕새* 인지, 참새 떼인지 사방천지가 답답한 것이 황홀합니다

2

나라마다 휘날리는 것이 국기가 아니라 기지개를 켜고 날아다니는 미세먼지가 국가의 상징이며

상징에는 구름보다 낮게 비행하는 호흡을 국가별 색으로 표시하며 황색이 녹색을 추월합니다

거리의 신호등도 녹색이 부재중이고, 황색이 길바닥을 주워 먹고 빌딩이 목구멍 가시처럼 걸려 토하는 것마다 공기보다 무거운 한숨 섞인 안개 사리뿐입니다

〈

  높은 데서 내려다보면, 푸른색보다 황색이 캄캄하게 빛나는 지구온실의 인간나무들, 가지가 지팡이로 짚고

  눈이 있어도
앞이 잘 보이지 않아
장님이 아닌 장님 정신으로 더듬거리고

  골짜기로 쏟아지는 흙비에 무릎을 받치며 빗물보다 진한 황색 물에 발바닥뿌리를 빨고 있습니다

  *『장자』「소요유」에 물고기 '곤'이 변신해서 '붕새'가 되어 그 날개가 3천 리나 되었다고 함.

일회용 플라스틱
−지구 특파원 보고서 6

지구온실 수족관입니다

속에는 건더기가 떠다니고,
물고기들은 소통사고를 치고 있습니다

플랑크톤보다 잘 보이는 물건의 유혹으로
물고기는 속아서 입을 대고 말았습니다 내장으로 소통되지 않는 것이 현찰이 되었습니다

물건은, 인간들이
그 물건에서 사정하는 정액처럼
좋을 때 사용한 물건입니다
사정하여 사용할 가치가 없는 물건을 콘돔같이 벗어 던진 일회용들입니다

물고기들은 이제 플랑크톤보다 콘돔사용이 익숙해야 생명 보존이 영리해집니다 영리하지 못한 물고기는 코에 빨대를 박고, 플라스틱 안경을 쓰고, 수족관 구석에서 동전 소쿠리 앞에 놓고 기다리는 직업을 챙겨야 합니다

〈

  소쿠리도 챙기지 못하는 물고기는 수족관에서 밀려나와, 배 째라는 배짱 냄새로 농성을 주도하고

  물고기 먹는 새의 복장에도 콘돔으로 풍선처럼 부풀어 있습니다 새의 콘돔 속에는 그 물건 대신 물건이 가득합니다

  물건끼리는 내장 교통사고로 복장이 터져 죽는 새들 눈은 인간을 바라봅니다
  눈동자는 원망보다 실망으로

  그래서 새는 보는 눈이 있습니다

슈퍼컴퓨터 날씨
―지구 특파원 보고서 7

1
지구 기상청입니다

2
모래시계는 사막을 가두고, 인간들이 모래시계 속에서 날씨를 낚시질하고 있습니다
걸려드는 것은 전갈 독보다 지독한 것들뿐
기다리던 손맛이 아니고

날씨를 낚지 못하는 챔질이 땅을 치고, 쓰레기가 지나가다가 낚시에 걸려드는 뻔한 사실에는 꼬리를 자릅니다

날씨를 낚아서 나뭇가지에 걸어 두는 것은
북어처럼 말리려는 것보다
'예비 저감조치'에 무게를 둡니다

3
날씨는 하도 변심이 많아서

기상청 남자는 슈퍼컴퓨터로 날씨 마음을 찾아 수술이 가능한지 만지작거리고
　여자 아나운서는 일기 예보에서 오보를 손보고 있습니다

　오보에 미세먼지는 잠시 시동을 끄고 잠시 숨 고르기도 할 때 있습니다

　4
　날씨 얼굴에는 주름이 많아 성형하려면 병원보다 기상청이, 청진기보다 망원렌즈가 필요한 것으로 진단하는 예보관이 먼저 밑그림을 그리고
　날짜 변경선 따라 색칠합니다

　주름과 색을 바꾸면서
　날씨를 들었다 놨다 하는 바람은 구름과 눈치 싸움합니다

　기상청 관계자는 바람과 구름이 전쟁을 할까 봐 마음이 조마조마하게 비위 맞추는데 머리를 갖다 바칩니다

신종 바이러스
―지구 특파원 보고서 8

지구촌은 모두가 한 몸입니다

한 사람의 몸에서 나온 것이 지구촌 모든 사람 몸으로 소통됩니다

평소에는 숨겨져 오던 것이

코로나19에서 보면 들통 납니다 한 사람 몸속에서 나온 것이 지구촌 모두의 몸속으로 소통이 된다는 것을
  아무리 코를 막고 입을 막고
  장벽을 세워도
  코로나19와 전쟁하는 것을 보면

코와 입을 막지 않는 평소에는 자유롭게 소통되었다는 사실

릴레이 경기에서 바통을 주고받는 것처럼, 받고 싶지 않아도 입으로, 코로 받아들이고

〈

  '모든 길은 로마로 통한다'는 말같이, 하나에서 출발하여 지구촌 모든 사람 몸속으로 소통한다는 것을 생각하면

  남녀 사이에 부부가 아니더라도, 몸속의 것을 서로 소통한다는 사실

  아무리 거룩한 사람도, 거리의 주정뱅이와 육체 속의 것을 서로 교차하며 살고 있다는 사실

  아무리 비누칠하고, 깨끗하다고 생각하는 사람도, 저 아프리카 땟국물 반들반들한 코흘리개와도 육체로 통하고 있다는 사실

  사실에 부정할 사람 손들어 보세요

우생학
―지구 특파원 보고서 15

　인간 줄기세포는 스스로 분화, 용도에 맞추어 우리 몸의 눈 귀 여러 기관을 필요에 따라 만들어지는데
　여기에 인간이 간섭하는 시대

　줄기세포 분화 환경에서 인간이 간섭하면 어떤 장기^{臟器}나 기관^{器官}도 가능한 세상

　만약에 인간이 사용하는 용도에 따라 생명공학 업자에게서 눈이나 손 같은 것을 하나 더 만들어 사용하는데 편리함에

　앞만 보고 달려가는 인간들, 눈을 뒤에 하나 더 붙여 고개를 돌리지 않아도 볼 수 있고
　돈이 없어 눈을 여러 개 달 수 없는 사람은 이마에 한 개만

　돈이 넘치는 사람은 자기의 장기나 다른 기관을 예비적으로 하나씩 더 만들어 자동차 부품처럼 교체도 되고

〈

　장래 복싱선수가 희망인 사람에게 팔을 하나 더 장착하여 싸우게 한다면,

　미국 NBA에서 키가 클수록 선수 몸값을 자랑하는데, 생명공학 업자에게 키 3m 정도 되는 사람을 만들어 투입하면 원가를 제외하고도 엄청나게 남는 장사가 될 것이고

　축구에도 손흥민 선수는 70m 드리블로 1골을 넣는데 다리를 하나 더 달아 주면 100m 이상 드리블로, 3쿠션 골이 가능할 것이며

　아무리 피곤해도 삼각형이면 넘어질 염려가 없고

　누구든지 필요에 따라 맞춤 양복처럼
　인간 맞춤 시대에는
　지금은 별꼴이겠지만, 미래에는 오히려 지금 사람이 별꼴이 될지 모릅니다

돌의 얼굴

석기시대 돌칼로

고인돌에서 르네상스 건축까지

이집트 피라미드나

잉카의 인공도시 마추픽추도

가끔 발견되는
네안데르탈인의 두개골보다도
더 단단한
돌의 질량이
제우스 신전이나 파르테논 같은

한고비 넘기면 또 한고비 흥망성쇠
역사의 고비마다
후렴으로나 남아 있는 돌이
역사의 얼굴이다

■□ 해설

도시적 서정시의 시간과 공간의식

박현솔(시인, 문학박사)

　손나래 시인의 두 번째 시집『속도에서 냄새가 난다』는 다양한 이미지와 상상력을 바탕으로 한 주제의식을 내포하고 있다. 첫 시집에서의 시적 언어와 감각을 그대로 이어가면서도 시적 언어가 낡거나 관습화되어 있지 않고 특유의 생동감으로 주의를 끄는 매력이 있는 것은 경험과 연륜에서 우러나오는 시인의 사유에 도시적 감성을 덧입힌 결과가 아닌가 생각된다.
　최근에는 서정시를 쓰는 시인들도 전통적인 서정시만을 고집하지 않고 다양한 시적 행로를 탐색하고 있다. 그 중에서 도시적 상상력으로 세계를 바라보고 도시의 일상과 문명의 탐색, 도시적 공간 속에서의 사물 혹은 대상들을 바라보는 시선, 도시의 무분별한 소비적 행태에 대한 비판의 목소리 등 다양한 측면에서 서정시의 영역은 점차 확대되고 있다. 1970년대와 80년대에 급격하게 부상했던 생태

시, 환경문제를 다룬 시, 도시에서의 삶을 다룬 시, 소시민의 일상을 다룬 시들도 이 도시적 서정시에 해당된다고 할 수 있을 것이다.

  손나래 시인에게 도시는 과학과 기술이 발전하고 고도화된 문명과 첨단을 지향하는 공간으로 인식되고 있다. 그리고 수많은 빌딩들과 질주하는 자동차들, 물질과 자본주의에 의해 인간이 소외되는 곳, 수많은 변수와 위험이 도사리고 있는 곳이 현재 시인이 살아가고 있는 도시의 속성이다. 손나래 시인의 이번 시집에서 도시적 상상력과 감각이 상당 부분을 차지하고 있고 이를 통해서 시적 이미지들이 새로움과 역동성을 확보하면서 그로테스크한 이미지와 의미 있는 주제의식을 확보하게 된다.

    구름은 냄새가 났다 우리의 얼굴에 친절한 냄새
  의 낙서가 바닥에서 토막이 난다

    시도 때도 없이 혼례를 올린 구름의 새끼는 빗
  방울, 머리가 떨어지는 속도에서, 비누 냄새가 났다
  자동차 타이어처럼

    냄새는 한꺼번에 굴러다녔다 우리는 오렌지처럼
  발음을 또박또박하게

냄새 없는 날씨가 희망

　부풀면 구름이 되는 것, 구름에 고집을 더하면 국적도 없이 마당에 낙서가 되는 것

　우리는 샘물을 마시며
　샘물을 쏟으며
　가는 낙타 발에서 사막이
　미끄러진다 지구가 미끄러진다
　속도가 부서진다는 기분으로,

　우리의 냄새가 산채로 무덤을 만들었다 고래 등이 숨을 뱉는 것처럼 무덤이 부풀면 구름이 되는 것,

　어떤 구름은 현실적이어서, 사막에서 부풀어 바겐세일도 없이 하늘에 떠 있는 것을 나는 보았다

　발생은 어디서나 있는 흔한 일이지만, 구름이 참견한 속도는, 돌고래가 냄새로 하늘에서 날고 있는 것 같았다

　-「속도에서 냄새가 난다」 전문

이 시에서는 문명의 거대한 숨결 속에서 터져 나오는 탁한 기운이 포착되는데 이것은 하늘로 상승했다가 하강하는 이미지를 드러내고 있다. 즉 자동차라는 기계문명이 발달하면서 심각한 매연이 시야와 하늘을 가리는 구름으로 형상화되고 있다. 그리고 큰 트럭들의 배기구에서 쏟아져 나오는 매연을 고래의 이미지로 제시한다. 현대에 보편적으로 발달된 기계문명인 자동차가 매일같이 쏟아내는 매연이 심화되면서 구름이 되고 비로 쏟아지기도 하고 인간들의 감정에 영향을 미치는 양상을 띠고 있다. 다시 말해서 대기오염의 심각성을 느끼고 있는 시인이 매연의 답답함을 도시적 상상력으로 풀어내려는 긍정적 에너지가 엿보이고 있다.

또한 도시문명을 이끌고 있는 속도에 대해 화자는 "냄새"에 주목하고 있는데 자동차가 속도를 낼수록 매연이 가중되면서 대기 오염이 유발되고 속도는 매연만을 유발하는 것이 아니라 가속화된 문명을 앞당기면서 자본주의 심화를 불러일으킨다고 보고 이것을 지켜보는 시적 화자는 우려의 감정을 내비치게 되는 것이다.

도시의 환경은 갈수록 오염되거나 황폐화되어가고 쾌적한 환경에서 생활하기를 희망하는 인간의 기본적 권리까지 빼앗아가는 실정이다. 그러나 이는 인간이 풍족한 삶을 살기 위해서 자연을 훼손하고 그로 인한 피해와 심각성을 제대로 인식하지 못한 결과인 것이다.

    1
    미세먼지 사막은 낙타 눈썹으로 태평양 상공에 떠 있습니다 해수면 거울로 비치는 속에서 낙타가 기침을 토합니다
    기침은 또 다른 구름으로 인간나무들 이파리에 호흡을 가파르게 상승시키고

    가파른 호흡이 띠를 두르고 날아다니는 것이 붕새인지, 참새 떼인지 사방천지가 답답한 것이 황홀합니다

    2
    나라마다 휘날리는 것이 국기가 아니라 기지개를 켜고 날아다니는 미세먼지가 국가의 상징이며
    상징에는 구름보다 낮게 비행하는 호흡을 국가별 색으로 표시하며 황색이 녹색을 추월합니다

    거리의 신호등도 녹색이 부재중이고, 황색이 길바닥을 주워 먹고 빌딩이 목구멍 가시처럼 걸려 토

하는 것마다 공기보다 무거운 한숨 섞인 안개 사
리뿐입니다

    *봉새는 『장자』, 「소요유」에 물고기 '곤'이 변신해서 '봉새'가
되어 그 날개가 3천 리나 되었다고 함.

  – 「미세먼지」 부분

  문명과 과학이 발달하는 최첨단의 시대에 미세먼지로 인해서 생태계가 강력하게 위협을 받을 줄 예전엔 상상하지 못했다. 미세먼지의 공격으로 인해서 가장 피해가 큰 것은 호흡을 해야만 하는 동물과 인간들이다. 미세먼지는 사막의 낙타가 살아갈 수 없을 정도의 위협이 되고 이것은 인간에게도 부정적인 영향을 끼치면서 점차 일상화되고 있다. 미세먼지로 인한 생태계의 위협과 그 심각성은 개인뿐만 아니라 국가마다 비상체제를 가동하게 한다. 시적 화자는 미세먼지를 『장자』 「소요유」에 나오는 상상의 물고기 '곤'이 변신한 "봉새"가 큰 날개를 펼친 것으로 형상화하고 있다. 그리고 그 모습이 "황홀"하다고 역설적으로 말하는데 도시적 서정시는 해결하기 힘든 현실적인 문제의 심각성을 환상적으로 전환시키면서 이를 풍자화하는 특징을 보인다. 앞의 시에서 제시되고 있는 구름과 이 시에서의 구름은 서로 다른데 「속도에서 냄새가 난다」에서

의 구름은 자동차에서 배출되는 심각한 매연을 의미하지만 이 시에서의 구름은 미세먼지로 인해서 식물들과 동물들이 가파른 숨을 내쉬었고 그것이 떠다니는 구름이 되었다고 한다. 이것은 인간의 도시로 넘어와서 도로와 빌딩들을 삼키고 그것들이 토하는 것이 "한숨 섞인 안개 사리"가 되었다는 것이다. 미세먼지로 인해서 인간만 힘든 것이 아니라 지구의 모든 생태계가 함께 고통 받고 있음을 알 수가 있다.

　　　　지구촌은 모두가 한 몸입니다

　　　한 사람의 몸에서 나온 것이 지구촌 모든 사람
몸으로 소통됩니다

　　　평소에는 숨겨져 오던 것이

　　코로나19에서 보면 들통 납니다 한 사람 몸속에서 나온 것이 지구촌 모두의 몸속으로 소통이 된다는 것을
　　　아무리 코를 막고 입을 막고
　　　장벽을 세워도
　　　코로나19와 전쟁하는 것을 보면

코와 입을 막지 않는 평소에는 자유롭게 소통되었다는 사실
　릴레이 경기에서 바통을 주고받는 것처럼, 받고 싶지 않아도 입으로, 코로 받아들이고

　'모든 길은 로마로 통한다'는 말같이, 하나에서 출발하여 지구촌 모든 사람 몸속으로 소통한다는 것을 생각하면

　남녀 사이에 부부가 아니더라도, 몸속의 것을 서로 소통한다는 사실

　아무리 거룩한 사람도, 거리의 주정뱅이와 육체 속의 것을 서로 교차하며 살고 있다는 사실

　아무리 비누칠하고, 깨끗하다고 생각하는 사람도, 저 아프리카 땟국물 반들반들한　코흘리개와도 육체로 통하고 있다는 사실

　사실에 부정할 사람 손들어 보세요

─「신종 바이러스」 전문

  고도화된 문명과 과학은 생태계뿐만 아니라 전염력이 폭발적인 바이러스의 탄생을 가능하게 했고 이를 통해서 인간 생존의 위기감을 불러일으키고 있다. 자연의 파괴나 오염과는 다른 이러한 바이러스의 전염은 도시에서 더 빈번하게 일어나고 있고 빈부의 격차에 따른 백신 수급의 어려움이라는 양상으로까지 번지고 있다. "한 사람의 몸에서 나온 것이 지구촌 모든 사람 몸으로 소통"되는 것을 통해서 이제 "지구촌은 모두가 한 몸"이라는 인식에 도달하게 된다. 한 사람의 몰락은 인류 전체로 확대되어 전 인류의 몰락이라는 비극적 상황에 도달하게 할 수 있는 상황에 놓인 것이다. 이러한 비정상적인 상황은 시적 화자로부터 '모든 길은 로마로 통한다'는 풍자적 발언으로 이어진다. 따라서 과학과 문명이 발전해도 인간들은 "몸속의 것을 서로 소통한다"는 사실을 통해 모든 인간이 평등한 존재임을 재인식하는 계기가 되고 있다.

  코로나 바이러스 팬데믹을 통해서 "평소에는 숨겨져 오던 것"이 "들통"나고 있으며 "아무리 코를 막고 입을 막고" "장벽을 세워도" 살아있는 모든 인간은 서로 소통하고 있기에 몸의 경계를 넘고 인식의 경계를 넘어서 편견의 벽을 허물어뜨리는 것이 중요하며 이를 통해서 화합의 장으로 나아가야 한다고 보는 것이다.

  또한 도시에 사는 소시민으로서 자연파괴, 생태계 오염 같은 외부 환경의 변화에 비판적인 시각을 가지고 있는 시인은 인간 사회의 질서를 어지럽히는 정치인에 대한 시선도 비판적일 수밖에 없다. 그들은 자신들의 이익을 위해서만 움직일 뿐 국민들의 삶이나 나라의 미래에 대해서는 별다른 생각 없이 선심성 공약만을 남발할 뿐이다.

> 개가 짖어댄다
> 낮에는 사람 그림자에
> 밤에는 산 그림자에도 짖어 댄다
> 거리의 철새들은
>
> 국민을 주인으로 섬기겠다고
> 사방에서 띠를 두르고
> 목소리는 옥타브를 높인다
>
> 출타해서 돌아온 주인에게 꼬리 흔들고
> 납작 엎드리는 개같이
> 차가 지나가고 사람이 지나가면
> 흔들고 엎드린다

사거리마다 출렁대는 저 만국기도 엎드린다
　　국적은 똑같다
　　철 지나면 철거되는

　　만국기들

　　대지에서
　　꽃을 피우지 못하는
　　아무리 품어도
　　병아리가 되지 못하고 벙어리가 되는

　　－「무정란」 부분

 시적 화자는 국회의원이나 지방자치 단체 선거 때마다 길거리에 플랫카드를 붙여놓고 지나가는 행인들에게 악수를 청하고 "궁민을 주인으로 섬기겠다고" 말하지만 뽑히고 나면 약속을 지키지 않는 정치인을 직접적으로 비꼬고 있다. 정치인들의 그러한 행태는 "개"와 "철새" "병아리"에 비유되고 있는데 무엇 하나 온전한 행태는 없고 기회주의적이고 불완전한 특성을 보일 뿐이다.
 일찍이 1960년대에 김수영이 닭을 키우면서 술김에나 내뱉음직한 발언들이 오늘 이 시대에도 유효하게 적용되는 것을 보면 정치인들의 속성은 예나 지금이나 변하지 않고 수없이 재현되는 느낌이다. 화자가 도시의 소시민으로서 느끼는 허무의식과 분노감은 비판적인 시선으로 바뀌고 정치인들에게 무엇인가를 기대하느니 차라기 불가능한 것을 꿈꾸는 것이 낫다는 생각을 하게 되는 것이다.

   도시에 살고 있으면서 자본주의 속에서 산다는 것은 치솟는 집값과 실업, 높은 물가를 견디며 현실을 감내하는 것이다. 그럼에도 불구하고 복잡하고 삭막한 도시를 떠날 수 없는 것은 가족에 대한 사랑 때문이다.

      걸을 때마다 흔들리는 냄새

      귀가를 서두른 사춘기 아들은
      향기에 볼펜을 구르고
      냄새에 대해 일기를 쓴다

      오늘도 무사히, 아빠를 기다리는

      집이 늘어나
      아빠가 들어올 면적에 대해
      수학 공식으로
      걱정을 대문에 붙인다

         ― 「반 지하 냄새야」 부분

  영화 〈기생충〉에서 자본주의의 병폐인 빈부의 격차가 다뤄지는데 지상에 사는 부유한 사람들과 그들에 기생하며 살아가는 존재들은 지하에 숨어서 살아간다는 것이다. 이와 같이 지상과 지하의 대비는 자본과 빈곤의 대비로 확장되면서 도시의 특이한 생존방식을 보여준다. 시적 화자는 반 지하에 살면서 그곳에서 나는 냄새가 아이들을 키우고 가장이 무사귀환을 기다리는 도시 빈민층의 일상적인 모습임을 제시한다. 공간이 좁아서 "아빠가 들어올 면적"을 걱정해야 하는 상황은 자본주의가 팽배한 도시에서 살아가는 냉혹한 현실을 그대로 보여준다.
  도시의 빈민층이 열악한 환경에서 살아가고 있고 그것보다 더 소외된 자들은 거리를 떠돌면서 불안한 삶을 살다가 비극적인 결말을 맞기도 한다. 그들은 가족을 떠나서 도시의 미세먼지처럼 떠돌다가 어둠 속으로 사라져간다.

     지난밤 대지를 훑던 저 바람은
     북쪽 어느 벌판
     시베리아호랑이에서 가출한
     야생의 이빨인가 야생의 발톱인가

〈중략〉

한번 물면 절대 놓치지 않는
야성의 이빨로
피돌기 하던 물의 숨통을 끊었다

뻣뻣하게 굳어버린 물의 시체

죽은 것들은 차갑게,
시체가 시체를 깔고 있는 현장

- 「동사자」 부분

  문명이 발달하고 자본주의가 심화되어갈수록 그곳에서 소외된 존재들은 어둡고 외진 곳으로 모여들기 마련이다. 그들은 노숙자의 삶을 살아가면서 어디에서도 환영받지 못한다. 차가운 기온과 바람까지도 가족에게서 느꼈던 온기마저 빼앗고 죽음 쪽으로 밀어 넣는다. 이와 유사한 시로 「과녁」이라는 시가 있는데 초고층 빌딩 외벽을 청소하며 살아가는 청소부의 삶을 그리고 있다. 아찔한 높이에서 외줄에 의지해서 청소하는 모습이 노숙자의 삶보다 그리 나아보이진 않는다. 비슷한 하층민의 삶을 살아가는 인간 군상들이 볼 때 자본주의 도시는 언제든지 자신들을 외면하고 내팽개칠 수 있는 "야생의 이빨" 혹은 "야생의 발톱"인 것이다.

  이번에 출간하는 손나래 시인의 두 번째 시집『속도에서 냄새가 난다』는 도시적 서정시를 제대로 보여주는 시집이라 할 수 있다. 그리고 한편으로는 도시의 소시민으로서 정치적, 사회적 발언들을 주저하지 않았던 김수영을 잠깐 엿보기도 했으나 손나래 시인의 시는 참여계열의 모더니즘 시보다는 도시적, 생태적, 환경적인 문제들을 서정적인 시각으로 보여주는 도시적 서정시에 가깝다는 생각이 든다. 거기에 여러 사회적 편견들을 깨는 개성적인 상상력과 문명에 대한 비판의식, 사회적 문제를 간과하지 않는 풍자정신, 소외된 자들과 사랑하는 사람들에 대한 인간적인 시선은 시인의 역량을 짐작하게 한다. 이것은 손나래 시인의 시가 더 많은 가능성을 가지고 있음을 의미하는 것이기도 하다. 서정시와 모더니즘시의 경계를 오가면서 두 계열을 통합적으로 아우르고 있는 손나래 시인의 독특한 시적 영역을 이번 시집에서 살펴볼 수 있을 것이다.